F. A. Mann

Die Schweigepflicht des Beamten in internationaler Sicht

Schriftenreihe
der
Juristischen Gesellschaft zu Berlin

Heft 117

1990
Walter de Gruyter · Berlin · New York

Die Schweigepflicht des Beamten in internationaler Sicht

Von
F. A. Mann

Vortrag
gehalten vor der
Juristischen Gesellschaft zu Berlin
am 5. Juli 1989

1990
Walter de Gruyter · Berlin · New York

Dr. Drs. h. c. *F. A. Mann*, C. B. E.,
Mitglied der Britischen Akademie,
Honorarprofessor an der Universität Bonn,
Rechtsanwalt (Solicitor) in London

CIP-Titelaufnahme der Deutschen Bibliothek

Mann, Frederick Alexander:
Die Schweigepflicht des Beamten in internationaler Sicht: Vortrag, gehalten vor der Juristischen Gesellschaft zu Berlin am 5. Juli 1989 / von F. A. Mann. – Berlin ; New York : de Gruyter, 1989
(Schriftenreihe der Juristischen Gesellschaft e. V. Berlin ; H. 117)
ISBN 3-11-012398-3
NE: Juristische Gesellschaft ⟨Berlin, West⟩: Schriftenreihe der Juristischen Gesellschaft e. V. Berlin

Printed in Germany
Satz und Druck: Saladruck, Berlin 36
Buchbinderische Verarbeitung: Verlagsbuchbinderei Dieter Mikolai, Berlin 10

I.

Im Jahr 1970 hat das Bundesverfassungsgericht erklärt, es „bedürfe keiner näheren Begründung, daß die öffentliche Verwaltung nur dann rechtsstaatlich einwandfrei, zuverlässig und unparteiisch arbeiten kann, wenn sichergestellt ist, daß über die dienstlichen Vorgänge von Seiten der Behördenbediensteten nach außen grundsätzlich Stillschweigen gewahrt wird“[1]. Man sollte meinen, daß damit eine solche Selbstverständlichkeit ausgesprochen worden ist, daß sowohl in beamten- wie in strafrechtlicher Beziehung weitgehende Übereinstimmung in der westlichen Welt festgestellt werden kann. In Wahrheit bestehen Unterschiede, die der Klärung bedürfen.

1. Mit erfreulicher Eindeutigkeit ist das Prinzip im deutschen Recht verankert. Nach einem Satz, der auf das Jahr 1873 zurückgeht, hat der Beamte wie der öffentliche Angestellte[2] auch nach Beendigung des Beamtenverhältnisses über die ihm bei seiner amtlichen Tätigkeit bekanntgewordenen Vorgänge Verschwiegenheit zu bewahren, und zwar auf Lebenszeit[3]. Er darf noch nicht einmal als Zeuge vor Gericht aussagen[4].

In der Schweiz entsprechen die Artikel 27 und 28 des Beamtengesetzes von 1927 der deutschen beamtenrechtlichen Regelung, und auch in Frankreich gilt ähnliches, obwohl der Gesetzgeber auf das Strafrecht verweist[5]: »Les fonctionnaires sont tenus au secret professionel dans le cadre des règles instituées dans le Code Pénal«, und dieser sieht Strafbarkeit für

---

[1] BVerfGE 28, 191 (198) = NJW 1970, 1498.

[2] Ebenda. Aus der Treupflicht des Angestellten folgt, daß auch der Angestellte im privaten Dienst über geschäftliche und persönliche Belange des Arbeitgebers zu schweigen verpflichtet ist, soweit dadurch die Interessen des Dienstherrn beeinträchtigt werden können: BGH NJW 1981, 1089; das gilt kraft Nachwirkung auch nach Beendigung des Dienstverhältnisses: BGHZ 38, 391. Vgl. allgemein *Staudinger-Neumann,* § 611 Rdn. 163, 164; *Söllner* im MünchKom (2. Aufl., 1988) § 611 Rdn. 403, 404; *Schwerdter,* ebenda § 626 Rdn. 100.

[3] § 61 des Bundesbeamtengesetzes; § 39 des Beamtenrechtsrahmengesetzes. Der Beamte hat auch nach Beendigung des Beamtenverhältnisses amtliche Schriftstücke, Zeichnungen, Aufzeichnungen über dienstliche Vorgänge herauszugeben und diese Verpflichtung trifft auch seine Hinterbliebenen wie seine Erben: § 61 Abs. 3.

[4] § 61 Abs. 2 bzw. § 39 Abs. 2.

[5] Art. 26 des Gesetzes vom 13. 7. 1983, das auf ältere Gesetzgebung zurückgeht. Der zweite Absatz lautet: »Les fonctionnaires doivent faire preuve de discretion professionelle pour tous les faits, informations ou documents dont ils ont connaissance dans l'exercice ou à l'occasion de l'exercice de leurs fonctions.«

jeden Fall der Geheimnispreisgabe vor[6]. Eine absolute Schweigepflicht gilt auch für den internationalen Beamten: sie erstreckt sich auf »aucun information, aucun document dont le fonctionnaire a eu connaissance dans l'exercice de ses fonctions«[7].

Angesichts dieser Gegebenheiten ist die Rechtslage im englischen Rechtskreis besonders auffallend. Eine beamtenrechtliche oder, wie man in England sagen würde, zivilrechtliche Schweigepflicht auf Lebenszeit besteht nur dann, wenn die Regierung eine Beeinträchtigung des öffentlichen Interesses nachweisen kann. Eine solche Schädigung wird zwar dann ohne weiteres angenommen, wenn Mitglieder des Sicherheits- oder Geheimdienstes ihre Schweigepflicht verletzen, aber im übrigen sollen die Gerichte darüber zu entscheiden haben, ob das öffentliche Interesse verletzt oder gefährdet ist. Diese überraschende und, wie es scheint, einzigartige Rechtsentwicklung ist in dem weltbekannten Fall des früheren Mitglieds des englischen Geheimdienstes, *Peter Wright*, eingetreten[8]. Er ist bekanntlich nach Australien ausgewandert und hat dort ein Buch, „Spycatcher", veröffentlicht, in dem über seine angebliche Tätigkeit im englischen Geheimdienst berichtet wird. Der Fall führte zu einer Entscheidung des House of Lords in einem Prozeß, mit dem die englische Regierung die Veröffentlichung von *Wright*'s Lebenserinnerungen in Zeitungen Englands zu verbieten versuchte. Nebenbemerkungen in dem Urteil, das in dieser Sache erging, führen zu dem geschilderten Ergebnis in der Frage der Haftung des Beamten selbst. Der Gedanke, diese Haftung an die Gefährdung des öffentlichen Interesses zu knüpfen, erschien zum ersten Mal ohne Angabe jeder Grundlage und ohne jede Vorgeschichte in einer Entscheidung aus dem Jahr 1976[9]. Dort handelte es sich um die Veröffentlichung eines Tagebuchs, in dem ein früherer Minister u. a. die Vorgänge in Kabinettssitzungen aufzeichnete. Ein Richter erster Instanz glaubte, die Veröffentlichung könne nur dann verboten werden, wenn das öffentliche Interesse es erfordere; nach Ablauf von etwa 10 Jahren sei ein solches Interesse nicht erkennbar. Vier Jahre später meinte ein australischer Richter[10], der Demokratiegedanke verlange es, die Veröffentlichung von Regierungsgeheimnissen nur dann zu verbieten, wenn das öffentliche

---

[6] Siehe unten S. 11.

[7] *Alain Plankay*, Droit et Pratique de Fonction Publique Internationale (Paris 1977), Sections 753–762. Vgl. *Clunet* 1969, 1070.

[8] *Attorney-General v. Guardian Newspapers Ltd.* (No. 2), [1988] 3 WLR 776; ferner *Lord Advocate v. The Scotsman Publications Ltd.* [1989] 3 WLR 358.

[9] *Attorney-General v. Jonathan Cape Ltd.*, (1976) 1 K.B 752.

[10] *Commonwealth of Australia v. John Fairfax & Sons Ltd.*, (1980) 147 C. L. R. 39.

Interesse dies verlange, – und darüber hätten die Gerichte zu entscheiden. Allerdings scheint es die Meinung des House of Lords in England zu sein, daß im Streit mit dem Beamten selbst „das allgemeine öffentliche Interesse an dem Schutz der Vertraulichkeit und an Ermutigung anderer Beamter zur Erhaltung dieses Schutzes genügen dürfte". Wenn das so ist, so ist im Verhältnis zum Beamten das sogenannte öffentliche Interesse zur Redensart geworden.

Es ist nicht beabsichtigt, an dieser Stelle die Richtigkeit und Zweckmäßigkeit der Rechtsentwicklung in England und Australien im einzelnen zu untersuchen, insbesondere zu prüfen, wie das öffentliche Interesse plötzlich und ohne ein Wort der Erklärung zur Vorbedingung der zivilrechtlichen Haftung wurde.

Es ist der Gegensatz zwischen der kontinentalen und der englischen Auffassung vom öffentlichen Interesse, vom Prinzip der Demokratie und der Funktion der Gerichte, der Betonung verdient. Und es ist die nunmehr in England sich abzeichnende Tendenz, die zur Warnung Anlaß gibt. Macht man mit dem öffentlichen Interesse Ernst, so ist zu fragen: Wer soll entscheiden, ob die Voraussetzungen gegeben sind? Die Entscheidung kann nur in den Händen der Richter liegen. Deren Urteil hängt von der Beweisführung ab und diese wiederum zwingt zur Erörterung von Tatsachen, die die Geheimhaltungspflicht gerade zu schützen beabsichtigt.

Demgegenüber scheint die Rechtslage in den Vereinigten Staaten von Amerika, soweit man sie übersehen kann, wesentlich klarer zu sein, obwohl hier die weite Auslegung zu berücksichtigen ist, die das First Amendment während der letzten zweihundert Jahre erfahren hat; nach ihm darf bekanntlich die Rede- und Pressefreiheit nicht begrenzt werden, obwohl jedermann weiß, daß gewisse Begrenzungen unumgänglich sind. Heute scheint die Rechtslage so zu sein, daß zwar nach den sogenannten Civil Service Regulations[11] ein Beamter weder direkt noch indirekt offizielle Informationen benutzen darf, die er im Lauf seiner Tätigkeit erhalten hat und die dem Publikum nicht zugänglich sind. Aber gegen die Veröffentlichung von Informationen scheint es keine Unterlassungsklage zu geben, es sei denn, daß die Informationen „classified", d. h. als ganz geheim, geheim oder vertraulich bezeichnet sind[12], oder daß der Beamte, wie dies häufig zu geschehen scheint, sich vertraglich verpflichtet hat, eine Veröffentlichung nur mit vorheriger behördlicher Genehmigung vorzu-

[11] 735.206.
[12] *United States v. Marchetti*, 466 F.2d 130 (1972).

nehmen[13]. Wenn man sich die Situation in der Welt vor Augen hält, so kann es nicht zweifelhaft sein, daß die vertragliche Regelung die weitaus wirksamste Lösung darstellt.

2. Der zuletzt genannte amerikanische Fall[14] führt zu der Frage, welche Rechtsbehelfe dem Staat gegen den Beamten zustehen, der seine Schweigepflicht verletzt. An dem Unterlassungsanspruch ist wenigstens prinzipiell nicht zu zweifeln[15]. Aber besteht er auch dann, wenn eine Veröffentlichung durch den Beamten bereits stattgefunden hat, die Geheimnisse also bereits preisgegeben sind? Der Supreme Court der Vereinigten Staaten hatte keine Bedenken, eine bejahende Antwort zu geben[16], aber in England wurde ohne Bezugnahme auf diese Entscheidung eine entgegengesetzte Meinung zum Ausdruck gebracht[17]. Es scheint, daß, wenn der Beamte 500 Bücher drucken läßt und 279 Exemplare verteilt, der Vertrieb der restlichen 221 Exemplare nicht verboten werden kann. Der Grund war, daß die bereits erfolgte Veröffentlichung jeden nur denkbaren Schaden bereits angerichtet hatte und deshalb ein Verbot weiterer Veröffentlichung sinnlos wäre. Das überzeugt nicht. Es kann dem Beamten nicht gestattet sein, seine Geheimhaltungspflicht zu verletzen. Hier geht es um das Prinzip, dessen Verletzung niemals von einem Gericht für rechtens erklärt werden und dessen Beobachtung nicht von dem Umfang seiner Verletzung abhängen kann.

Dem Dienstherrn steht gewiß auch ein Schadensersatzanspruch zu, aber ein Schaden wird nicht nachgewiesen werden können, und es ist deshalb sehr viel wirksamer, dem Dienstherrn einen Anspruch auf Herausgabe des erzielten Gewinns einzuräumen. Sowohl in England wie in Amerika ist ein solcher Anspruch anerkannt[17]. Auch in der Bundesrepublik dürfte er bestehen: es handelt sich um eine Eingriffskondiktion im engsten Sinn des Wortes: der ungetreue Beamte hat Eigentum des Staates für seine eigenen Zwecke verwendet. Der öffentlichrechtliche Erstattungsanspruch erfaßt kraft analoger Anwendung auch den Bereicherungsanspruch[18] und deshalb wird der Beamte auch in Deutschland den erzielten Gewinn herauszugeben haben. Man kommt zu demselben Ergebnis, wenn man mit einer neuen Entscheidung des Bundesverwaltungsgerichts die Vorschriften über Geschäftsführung ohne Auftrag (§ 689 Abs. 2) im öffentlichen Recht anwendet[19].

---

[13] *Snepp v. United States,* 444 U.S. 507 (1980).
[14] S. vorige Anm.
[15] Oben Anm. 8.
[16] Oben Anm. 13.
[17] Siehe die Entscheidungen in Anm. 8 und 13.
[18] BVerwGE 71, 85.
[19] NJW 1989, 922 (Entscheidung vom 6. 9. 1988).

3. Die Voraussetzungen des Anspruchs oder, wenn man so formulieren will, die Verteidigungsmöglichkeiten sind beschränkt. Wenn man von der Genehmigung durch die vorgesetzte Behörde absieht, so handelt es sich hier insbesondere um die Offenkundigkeit der mitgeteilten Tatsachen. Was offenkundig ist, kann kein Geheimnis sein. Aber nichts wird dadurch offenkundig, daß der Beamte selbst unter Bruch seiner Verpflichtung das veröffentlicht, was geheim bleiben sollte. Man kann in diesem Zusammenhang auf eine schweizerische höchstrichterliche Entscheidung verweisen[20]: ein Zollbeamter gab einem befreundeten Kaffeehändler die Namen von Kaffeelieferanten und Kaffeepreise bekannt, die ihm bei der zollamtlichen Überwachung von Konkurrenten zugänglich geworden waren. Seine Verurteilung wurde bestätigt, denn es steht dem Beamten nicht zu, „sich selber von der Geheimhaltungspflicht zu entbinden, weil nach seiner Meinung oder Erfahrung die gleichen Mitteilungen auf anderem Weg an Dritte gelangen ... Trotz Preislisten und Preiskontrolle war es ihm schlechthin verboten, seine dienstlich erworbene Kenntnis, daß bestimmte Firmen an bestimmte andere Firmen so oder so viel Ware zu dem und dem Preis geliefert hatten, ganz oder teilweise weiterzugeben."

Ferner sollte es klar sein, daß der Beamte seiner Verpflichtung nicht dadurch enthoben wird, daß ein Dritter, ein Außenstehender, Material bereits veröffentlicht hat, dessen Veröffentlichung dem Beamten versagt ist. Das ist gewiß auch in Australien[21], vielleicht auch in Neuseeland[22] und auch von einem Richter in England[23] mißverstanden worden. Es gibt eben Fälle, in denen ein Beamter das nicht zu tun berechtigt ist, was jeder andere tun darf. Der Grund liegt darin, daß die Äußerung des Beamten, des Insider, glaubhaft ist, während beim Outsider ungewiß ist, ob er Tatsachen wiedergibt oder erfindet. Man kann diesen Gesichtspunkt nur mit aller Schärfe betonen.

Selbst wenn es zwölf Bücher und drei Fernsehprogramme gibt, in denen alle nur denkbaren Behauptungen über die Beamtentätigkeit aufgestellt wurden, so kann der Beamte selbst darüber nichts aussagen. Das muß so sein, weil die Behörde gegen die außenstehenden Dritten nur

---

[20] BGE 77 iv 50.

[21] Von Mr. *Justice Powell,* dem Richter erster Instanz in der Sache *Attorney-General (U.K.) v. Heinemann Publishers Australia Pty Ltd.* Sein Urteil ist nicht veröffentlicht, aber sein wesentlicher Inhalt ergibt sich aus dem Buch von *Turnbull,* The Spy Catcher Trial.

[22] *Attorney-General v. Wellington Newspapers Ltd.*, [1988] NZLR 166, 175.

[23] Lord *Goff* in dem oben Anm. 8 erwähnten Fall.

selten vorgehen, sondern in der Regel nur den Beamten selbst greifen kann; denn nichts, was die Dritten sagen, kann eine Tatsache offenkundig machen.

Wie man in der Bundesrepublik mit Recht gesagt hat, ist demnach offenkundig nur das, was nicht mehr der Bestätigung bedarf. Das ist eine vorbildliche Formulierung. Nichts, was Außenstehende schreiben, macht einen dienstlichen Vorgang offenkundig. Oder wie der Bundesgerichtshof[24] im Zusammenhang mit der strafrechtlichen Haftung für Landesverrat gemeint hat, nahezu jedes Staatsgeheimnis „wird einem eingeweihten Kreis bekannt sein. Dadurch wird seine Geheimniseigenschaft noch nicht beseitigt. Diese Eigenschaft verlieren Tatsachen in der Regel erst dann, wenn sie jedermann bekanntgegeben oder doch zugänglich sind." Auch das ist richtig. Dadurch, daß Medien Behauptungen aufstellen, werden noch nicht „Tatsachen" jedermann bekannt.

4. Eine Ausnahme von der Geheimhaltungspflicht besteht grundsätzlich auch dann nicht, wenn der Beamte Vorkommnisse offenbaren will, die – objektiv, nicht etwa bloß nach seiner Meinung – rechts- oder gar verfassungswidrig sind. Hier hat das Bundesverfassungsgericht mit erfreulicher Deutlichkeit ausgesprochen[25], daß der Beamte „mit einer Rüge und mit Vorschlägen zur Abhilfe zunächst an seine Vorgesetzten herantreten muß", daß er, falls er keinen Erfolg hat, „den Dienstweg bis zu dem für die Tätigkeit der Behörde parlamentarisch verantwortlichen Minister weiterzuverfolgen" hat, daß er sich im Notfall an einen Abgeordneten oder mit einer Petition an das Parlament als solches zu wenden hat, und daß er erst, wenn alle diese Schritte fehlgeschlagen haben, sich an die Öffentlichkeit wenden darf. Es scheint, daß Ähnliches für England gilt[26].

Gerade in diesem Zusammenhang drängt sich jedem, der die deutsche Geschichte vor 50 Jahren im Auge hat, die Frage auf, ob diese Bindung des Beamten „an das besondere Treue- und Loyalitätsverhältnis zum Staat" auch in einer Situation gilt, wie sie unter Hitler entstanden ist. Man muß diese Frage klar und deutlich verneinen. Auch das Bundesverfassungsgericht, wie es mehrmals klarstellt, dachte bei seiner Entscheidung nur an die rechtsstaatliche Ordnung des demokratischen Staats. Fehlt es an dieser Voraussetzung, so ist im Rahmen dieser Sachlage der beamtenrechtlichen Loyalitätsverpflichtung der Boden entzogen.

5. Es bleibt die Frage der strafrechtlichen Haftung des untreuen Beamten. Sie ist in der Schweiz und in Frankreich denkbar einfach geregelt. In

---

[24] NJW 1965, 1191.
[25] Oben Anm. 1.
[26] Vgl. die Entscheidung oben Anm. 8.

der Schweiz ist nach Art. 320 StrGB die Verletzung des Amtsgeheimnisses strafbar, – schlicht und einfach, ohne jede Qualifikation. In Frankreich bestimmt Art. 26 des Gesetzes vom 13. 7. 1983, also eines modernen Gesetzes, das auf ältere Gesetzgebung zurückgeht: »Les fonctionnaires sont tenus aux secret professionel dans le cadre des règles instituées dans le Code Pénal«, und dieser sieht Strafbarkeit des Beamten wie anderer Vertrauenspersonen für jeden Fall der Geheimnispreisgabe vor (Art. 378 des Code Pénal), – also ebenfalls eine höchst einfache und klare Regelung. In Deutschland werden die Dinge etwas schwieriger, weil nämlich § 353 b StGB, dessen verfassungsrechtliche Gültigkeit feststeht, obwohl er von den Nationalsozialisten eingeführt worden ist[27], die Bestrafung des deutschen Amtsträgers, der ein ihm bekanntes Geheimnis unbefugt offenbart, davon abhängig macht, daß dadurch wichtige öffentliche Interessen gefährdet werden; damit wird nach der Rechtsprechung eine konkrete Gefahr gefordert[28]. Hier stößt man also erneut auf das public interest des englischen Rechts, auf einen Gesichtspunkt, dessen ein Richter nur auf Grund einer Beweisführung Herr werden kann, – einer Beweisführung, die häufig Schwierigkeiten machen wird, wenn sie nicht gerade zu dem Ergebnis führen soll, das zu vermeiden ist, nämlich der Preisgabe des Geheimnisses, und die jedenfalls den Richter zu großer Vorsicht zwingt.

Immerhin sind alle diese Bestimmungen relativ einfach, wenn man sie mit der grotesk komplizierten Regelung in England vergleicht, – einer Art von Gesetzgebung, wie sie leider für England typisch ist und die die ganze Misere der englischen Gesetzgebungstechnik veranschaulicht. Bis vor kurzem galt die relativ einfache Bestimmung des Official Secrets Act 1911 (Artikel 2), nach der – ebenso wie in der Schweiz, Frankreich und im Grunde auch Deutschland – Strafbarkeit eintrat, wenn Kenntnisse, die dem Täter in amtlicher Eigenschaft anvertraut sind, von ihm offenbart werden. Die Bestimmung ging insofern zu weit, als es sich nicht notwendigerweise um Geheimnisse zu handeln brauchte. Vor ein paar Jahren hat ein Schwurgericht sich geweigert, einen Beamten zu verurteilen, der eine ihm anvertraute und geheime Urkunde veröffentlichte. Obwohl es sich offenbar um ein Fehlurteil handelte, hat man nunmehr den Official Secrets Act 1989 verabschiedet, der eine ganz ungewöhnlich komplizierte Regelung vorsieht. Nicht weniger als 15 lange Artikel, die sich über 11 große Druckseiten erstrecken, führen zahlreiche Unterscheidungen ein. Die Preisgabe von amtlich erworbenen Kenntnissen durch ein Mitglied

---

[27] Oben Anm. 1.

[28] BGSt 11, 401; 20, 348; NJW 1989, 1872.

des Sicherheitsdienstes ist strafbar. Im übrigen kann man wohl so zusammenfassen, daß Strafbarkeit nur eintritt, wenn die preisgegebene Information sich auf Landesverteidigung, internationale Beziehungen und Strafverfolgung bezieht und die Veröffentlichung „damaging" ist, d.h. die Staatsinteressen auf dem betreffenden Gebiet gefährdet. Das Merkwürdige ist, daß selbst diese ungewöhnlich liberale Regelung von vielen Mitgliedern des Parlaments deshalb bekämpft worden ist, weil sie nicht eine auf das sogenannte öffentliche Interesse gegründete Verteidigung vorsieht, wobei unklar bleibt, ob man damit die Neugierde der Öffentlichkeit oder staatliche Zwecke im Auge hatte.

6. Schließlich entsteht die Frage, ob und inwieweit der Dienstherr gegen Medien wie Verleger, Zeitungen, Fernsehunternehmungen, vorzugehen in der Lage ist, die Material veröffentlichen, das ein Beamter ihnen unrechtmäßigerweise zukommen ließ. Ein solcher Fall scheint in der Bundesrepublik noch nicht entschieden worden zu sein, aber es unterliegt wohl keinem Zweifel, daß § 353 b StGB ein Schutzgesetz ist, so daß der Staat nicht nur Schadensersatz, sondern auch Unterlassungsansprüche hat (§§ 823 Abs. 2, 1004). Aber es ist wohl auch in Deutschland problematisch, ob diese Ansprüche auch dann bestehen, wenn der Beamte im Ausland lebt und dort seine angeblichen Erlebnisse veröffentlicht hat, und die deutschen Medien in Deutschland das zu veröffentlichen beabsichtigen, was im Ausland bekannt ist und dadurch auch in Deutschland einem nicht unerheblichen Kreis zugänglich gemacht wird. Das war das Problem in dem bereits erwähnten englischen *Spycatcher*-Fall[29], in dem die englischen Gerichte eine Unterlassungsklage gegen Zeitungen abwiesen, die Auszüge aus dem in Australien und Amerika veröffentlichten Buch wiedergeben wollten. Der Grund war, daß durch die ausländischen Veröffentlichungen jeder denkbare Schaden bereits eingetreten war und deshalb die Verhinderung etwaigen weiteren Schadens sinnlos war. Jedoch wurde die Zeitung zur Herausgabe des Gewinns verurteilt, den sie 1987 infolge der Veröffentlichung des ersten Auszugs aus *Wright*'s Buch, also zu einem Zeitpunkt gemacht hat, in dem es noch nicht allgemein verbreitet war; dagegen wurde ein solcher Anspruch hinsichtlich zukünftiger Veröffentlichungen – wohl zu Unrecht – abgelehnt, weil das Material allgemein zugänglich sei. Daß dem Staat zustehende Rechte verletzt und ausgenutzt wurden, schien die Richter nicht zu beeinflussen.

Die entscheidende Frage sollte sein, ob das Material direkt oder indirekt von dem untreuen Beamten in dem Sinn erworben worden ist, daß die Zeitung Anstifter, Mittäter oder Gehilfe im Sinn von § 830 BGB

---

[29] Oben Anm. 8.

wurde oder sich der Begünstigung (§257 StrGB) schuldig machte. In diesem Fall sollte die Haftung bejaht werden und die Tatsache, daß das Material allgemein zugänglich ist, sollte gleichgültig sein. Daß die Mehrheit der Richter Englands, wo man den „constructive trust" erfunden hat, nicht in diesem Sinn zu entscheiden bereit war, stellt eine höchst bedauerliche und überraschende Rechtsentwicklung dar.

II.

Man kommt somit zu der Frage, ob und in welchem Umfang die Schweigepflicht des Beamten im Ausland erzwungen werden kann, sei es daß ein ausländischer Staat in Deutschland oder die Bundesrepublik im Ausland klagt.

Die Frage wurde zum ersten und bisher einzigen Mal in dem *Spycatcher*-Fall akut. Großbritannien erhob in Australien eine Unterlassungsklage gegen *Wright*. Sie wurde in allen Instanzen abgewiesen, obwohl sie von der australischen Regierung unterstützt wurde und diese auch vor Gericht vertreten war. Das Urteil der mit sieben Richtern besetzten dritten Instanz, des High Court of Australia, ist heute allein maßgebend[30].

Das Gericht ging von dem allgemein anerkannten Prinzip aus, nach dem im angelsächsischen Rechtskreis, ja man darf wohl sagen, in allen Kulturstaaten, ein Gericht daran gehindert ist, über Ansprüche zu entscheiden, die direkt oder indirekt von einem ausländischen Staat geltend gemacht werden und die auf seinem öffentlichen Recht, insbesondere seinem Straf- und Steuerrecht beruhen[31], es sei denn die Geltendmachung sei auf Grund eines Staatsvertrags gestattet[32]. Die Existenz dieses Prinzips kann nicht zweifelhaft sein, obwohl in der Bundesrepublik nicht allzuviel Rechtsprechungsmaterial vorliegt; die wichtigste Entscheidung aus neuerer Zeit stammt vom Bundessozialgericht[33] und ist ein gutes Beispiel nicht nur für die Existenz eines durchaus billigungswerten Prinzips, sondern auch für seine Grenzen und die Schwierigkeit der Abgrenzungsfragen.

Das Prinzip erfaßt, wie erwähnt, in erster Linie Straf-, Steuer- und Zollansprüche, bezieht sich aber auch z. B. auf Devisenkontroll- oder Sozialversicherungsansprüche, auf Ausfuhrverbote und Wertpapierkon-

---

[30] *Attorney-General v. Heinemann Publishers Australia Pty Ltd.*, 78 (1988) Australia L. R. 449.

[31] Dazu allgemein *Mann*, Festschrift für *Gerhard Kegel* (1987) 365.

[32] Mit einem solchen Staatsvertrag befaßt sich die Entscheidung BVerfGE 63, 343.

[33] BSG 54, 250.

trolle. Es beruht letzten Endes auf völkerrechtlichen Erwägungen, nämlich darauf, daß ein Staat nicht im Ausland seine Souveränität durchsetzen und deshalb auch nicht auf dem Rechtsweg seine Durchsetzung verlangen kann. Könnte etwa ein ausländischer Staat hier seine Steueransprüche geltend machen, so würde er damit das Recht in Anspruch nehmen, hier die Anerkennung und Ausübung seiner Souveränität verlangen zu können. Ob es sich im Einzelfall um einen solchen Anspruch öffentlichrechtlicher Natur handelt, ist auf Grund Völkerrechts zu entscheiden, d. h. die Klassifikation ist völkerrechtlich vorzunehmen.

Es kann nicht zweifelhaft sein, daß in der Bundesrepublik wie in vielen anderen Staaten beamtenrechtliche Ansprüche öffentlichrechtlicher Natur sind. Aber das ist gewiß nicht überall so (z. B. nicht im anglo-amerikanischen Rechtskreis) und braucht im Einzelfall nicht so zu sein. Die Schweigepflicht des Beamten ist im Grund, der Sache nach keineswegs dem Beamtenverhältnis eigentümlich. Sie entspringt nicht dem Verhältnis von Souverän und Untertan. Sie kann genau so im Rahmen eines privatrechtlichen Dienstverhältnisses bestehen. Gäbe es kein Beamtengesetz, sondern wäre die Stellung des Beamten, wie z. B. in Amerika häufig, vertraglich geregelt, so könnte ein Problem gar nicht erst auftauchen. Der auf Vertrag beruhende Unterlassungs- und Herausgabeanspruch des amerikanischen Rechts ist hier gewiß durchsetzbar. Dasselbe gilt für den auf dem Trust-Gedanken beruhenden englischen Anspruch. Die Existenz einer gesetzlichen Regelung darf keinen Unterschied machen. Daß in Deutschland die Schadensersatzpflicht auf § 78 des Beamtengesetzes, der Bereicherungsanspruch auf dem öffentlichrechtlichen Erstattungsanspruch beruht, ist eine Äußerlichkeit, ja eine Zufälligkeit, die den materiellen Inhalt einer Entscheidung nicht beeinflussen sollte und den internationalrechtlichen Charakter des Anspruchs nicht zu bestimmen vermag.

In Australien ging das Gericht mit Recht von der Frage aus, ob es sich im Fall *Wright* um einen öffentlichrechtlichen Anspruch handelte, nämlich, so sagt das Gericht, – um „einen Anspruch, den der ausländische Staat außerhalb seines Gebiets durchzusetzen sucht und der auf Handlungen beruht, die der Staat in Ausübung von Befugnissen geltend macht, die der um nationale Sicherheit besorgten Regierung eigentümlich sind“[34]. Aber schließlich weicht das Gericht von dieser richtigen Definition ab und sagt, das Prinzip erfasse auch Klagen, die die *Interessen* eines ausländischen Staats verfolgen. Das Gericht ersetzt also „Ansprüche“ durch „Interessen“ und wird dadurch zu einem Ergebnis verleitet, das es gewiß erreichen wollte, das aber als verfehlt bezeichnet werden muß. Der

[34] Oben Anm. 30.

völkerrechtliche Grundsatz schützt nicht bloße Interessen. Er untersagt die Berufung auf den Souveränitätsanspruch, der auf Grund der Jurisdiktionslehre territorial begrenzt ist. Die Verwechslung hat in Australien zu einem höchst bedauerlichen, juristisch schwer erklärlichen Urteil geführt, denn daß der auf dem englischen Recht, nämlich dem Trust-Gedanken beruhende Anspruch nicht öffentlichrechtlich war, d. h. nicht auf dem spezifischen Verhältnis von Souverän und Untertan beruhte, kann nicht bezweifelt werden.

In Neuseeland hat das Berufungsgericht in dem *Spycatcher*-Fall sich geweigert, der australischen Begründung zu folgen. Es wies die von der neuseeländischen Regierung unterstützte Klage vielmehr deshalb ab, weil nach seiner Meinung die Veröffentlichung im neuseeländischen Interesse lag, – eine prinzipiell höchst bedauerliche Entscheidung[35].

Die richtige Lehre sollte dahin gehen, daß die Schweigepflicht des Beamten im völkerrechtlichen Sinn nicht zu einem öffentlichrechtlichen Anspruch führt, daß die Bundesrepublik sie deshalb im Ausland erzwingen kann, genau so wie ein ausländischer Staat sie in der Bundesrepublik erzwingen könnte.

Hängt nach dem maßgebenden Beamtenrecht die Durchsetzung des Anspruchs vom sog. öffentlichen Interesse, d. h. von demjenigen des ausländischen Staates ab, so besteht kein Grund, warum ein Gericht sich nicht mit ihm befassen sollte. Die Meinung (sie ist von dem neuseeländischen Gericht geäußert worden), es sei geradezu anmaßend, wenn ein inländischer Richter das öffentliche Interesse des ausländischen Staats prüfen wolle, ist falsch. Wenn der ausländische Staat ein fremdes Gericht anruft, so gibt er diesem das Recht und hat dieses die Pflicht, alle erheblichen Tatumstände zu prüfen, und niemand braucht sich zu fürchten oder kann sich beschweren.

Ob im Ausland der beklagte Beamte geltend machen kann, die Schweigepflicht entfalle deshalb, weil er Mißstände zu offenbaren berechtigt sei, ist eine Verteidigung, die nur möglich sein sollte, wenn und soweit sie vom Recht des Dienstherrn zugelassen wird. Das ist natürlich anders, wenn es sich um den früheren Beamten eines Staates handelt, den man als Feind bezeichnen muß: ein ehemaliger Offizier des KGB flieht in die Bundesrepublik Deutschland. Ist es denkbar, daß die Sowjetunion hier eine Klage mit dem Ziel erhebt, die Preisgabe von Geheimnissen zu verhindern? Der bloße Gedanke ist absurd.

[35] *Attorney-General for the United Kingdom v. Wellington Newspapers*, (1988) N.Z.L.R. 166.

Die juristische Begründung wird vom ordre public geliefert. In der heutigen Welt stehen nun einmal die Staaten des Westens dem Sowjetblock, ja auch gewissen anderen Staaten gegenüber. Daraus ergibt sich die Unterscheidung, die Juristen zu treffen haben. Wir schützen den Anspruch auf Geheimhaltung, den unsere Freunde geltend machen. Und wir schützen den Verräter, der die Geheimnisse unserer Feinde preisgibt. Wenn hier von Freund und Feind gesprochen wird, so wird nicht an die völkerrechtliche, sondern an die ideologischen Begriffe gedacht. Der Staat, der die Mafia schützt oder den Drogenhandel fördert, ist ebenso Feind im Sinn der ordre public Klausel wie die Sowjetunion und ihre Satelliten. Daß die Rechtswissenschaft davon Kenntnis zu nehmen hat, ist bedauerlich, aber, wie der Bundesgerichtshof anerkannt hat[36], unvermeidbar und berechtigt gewiß nicht zu dem Schluß, daß die Schweigepflicht des Beamten allgemein der Anerkennung im Ausland entbehrt. Das hat man zwar in Australien aus kaum übersehbaren politischen Gründen geglaubt; dort hat das höchste Gericht erklärt[37]: „Unseren Gerichten fehlt die Kompetenz, den Grad von Freundschaft oder Feindschaft eines fremden Staates festzulegen. Es gibt keine brauchbaren Maßstäbe, mit deren Hilfe die Gerichte eine solche Frage lösen könnten“. Darin liegt entweder schwer faßbare Weltfremdheit oder eine bedauerliche Rechtsverweigerung.

Im Ergebnis hat man in Australien geglaubt, das Problem sei nur auf dem Weg der Gesetzgebung zu lösen. In England hat man Hoffnung auf einen Staatsvertrag gesetzt. Beide Lösungen wären nicht nur unangebracht, sondern stellen eine völlig unrealistische Illusion dar. Feststehende Rechtssätze bieten dem gutwilligen und wohl unterrichteten praktischen Juristen eine brauchbare und befriedigende Lösung.

III.

Die letzte Frage geht dahin, ob ein Staat auch im Ausland gegen dortige Medien wie Verlage, Zeitungen, Fernsehunternehmen usw. vorgehen kann, wenn sie Material veröffentlichen, das von einem untreuen Beamten erworben wurde.

Ein solcher Versuch ist, wie es scheint, bisher nur einmal unternommen worden und gescheitert. Die englische Regierung hat nämlich in Neuseeland eine Klage gegen die Zeitung *The Dominion* erhoben, die Auszüge aus dem wiederholt erwähnten Buch von *Peter Wright* abdrucken wollte. Die Klage wurde aus einer Reihe von Gründen abgewiesen. Einmal deshalb, weil der Inhalt des Buchs von *Wright* nicht mehr geheim war:

---

36 BGHZ 34, 169. Vgl. BVerwG NJW 1989, 2554.

37 S. 460.

dort aufgestellte Behauptungen seien bereits von anderen veröffentlicht worden, das Buch könne in Australien und Amerika gekauft werden und einzelne Exemplare hätten den Weg nach Neuseeland gefunden, Auszüge seien in England sowie in Australien in Zeitungen veröffentlicht worden. Aber der wesentliche Grund war die bereits erwähnte seltsame Erwägung, daß ungeachtet der Unterstützung der Klage durch den neuseeländischen Generalstaatsanwalt, also durch den Hüter neuseeländischer Interessen, es im Interesse Neuseelands liege, *Wrights* Darstellung seiner Tätigkeit kennenzulernen. Also das Gericht wußte besseres über die neuseeländischen Interessen als die neuseeländische Regierung und der Generalstaatsanwalt. Man kann sich nicht des Gefühls erwehren, daß das Paradoxe dieser Situation dem Gericht entgangen ist[38].

Aber wie immer man dazu stehen mag, in der Bundesrepublik wird ein ausländischer Staat es schwer haben, eine Klage gegen eine deutsche Zeitung in schlüssiger Form erheben zu können. Wenn man von der Möglichkeit einer Urheberrechtsverletzung absieht, so dürfte bei Anwendbarkeit von deutschem Recht die Rechtslage höchst zweifelhaft sein, zumal eine deliktische Haftung nur auf § 826 beruhen könnte. Aber es kann ausländisches Recht zu berücksichtigen sein, wie etwa Verleitung zum Bruch eines Trust-Verhältnisses. Im einzelnen kann dieser, weitgehend vom Tatbestand bestimmten Frage hier nicht nachgegangen werden.

IV.

Am Schluß dieser Betrachtung sollte man sich darüber im klaren sein, daß die Schweigepflicht des Beamten und ihre Durchsetzung nichts oder nur sehr wenig mit der allgemein anerkannten und zumeist verfassungsrechtlich oder staatsvertraglich geschützten Presse- und Redefreiheit zu tun hat. Der Beamte unterliegt besonderen Verpflichtungen, die er freiwillig übernommen hat; denn niemand zwingt ihn dazu, Beamter zu werden. Und jeder, der ihm bei der Verletzung dieser Schweigepflicht sowie bei der Verwertung ihrer Verletzung Hilfe leistet, sollte dem geschädigten Staat gleichermaßen haftbar sein. Man kann dem nicht entgegenhalten, daß in einer Demokratie jeder Staatsbürger Anspruch darauf habe, alles zu wissen, was dem Staat bekannt ist oder den Staat angeht, also absolute Informationsfreiheit zu genießen und sie mit allen Mitteln erzwingen zu können. Eine solche Behauptung, die im übrigen falsch und geradezu staatsgefährdend ist, läuft darauf hinaus, daß die Schweigepflicht des Beamten verneint und abgeschafft wird. Solange und

[38] Oben Anm. 35.

wo der Gesetzgeber, ja selbst der Verfassungsgesetzgeber sie anerkennt, sind solche Argumente nicht haltbar, muß vielmehr die Schweigepflicht des Beamten als wesentlicher Bestandteil eines rechtsstaatlichen Systems respektiert werden. Ihre Abschaffung ist Sache des Parlaments, nicht der Medien oder der Gerichte.

Man kann nur hoffen, daß auch die Straßburger Instanzen, sollten sie mit der Auslegung von Art. 10 der Europäischen Menschenrechtskonvention befaßt sein, die Schweigepflicht des Beamten respektieren werden. Das berüchtigte Urteil, das in der Sache der *Sunday Times* mit 11 Stimmen gegen 9 vor zehn Jahren ergangen ist[39], stellt allerdings eine Warnung dar. Damals handelte es sich um das kontinentalen Juristen unbekannte Institut des contempt of court, – ein Institut von einzigartigem kulturellem Wert. Die Schweigepflicht des Beamten ist weithin gesichertes Rechtsgut und wird deshalb auch in Straßburg vielleicht besser verstanden werden als das typisch englische Institut des contempt of court.

---

[39] International Law Reports 58, 491; dazu *Mann,* 95 (1979) L. Q. R. 348.

FSC
www.fsc.org
MIX
Papier | Fördert
gute Waldnutzung
FSC® C083411

Kolibri 360 GmbH
Ferdinand-Jühlke-Straße 7
99095 Erfurt, Deutschland
produktsicherheit@kolibri360.de